Date: 7/2/20

SP J 917.8752 HAN
Hansen, Grace
Parque Nacional de
Yellowstone

Parque Nacional de
Yellowstone

Grace Hansen

Abdo
PARQUES NACIONALES
Kids

abdopublishing.com

Published by Abdo Kids, a division of ABDO, P.O. Box 398166, Minneapolis, Minnesota 55439.
Copyright © 2019 by Abdo Consulting Group, Inc. International copyrights reserved in all countries.
No part of this book may be reproduced in any form without written permission from the publisher.
Abdo Kids Jumbo™ is a trademark and logo of Abdo Kids.

Printed in the United States of America, North Mankato, Minnesota.

052018

092018

 THIS BOOK CONTAINS
RECYCLED MATERIALS

Spanish Translators: Laura Guerrero, Maria Puchol
Photo Credits: Alamy, iStock, Library of Congress, Shutterstock, ©User:Partytimeusa p.19/CC-BY-3.0
Production Contributors: Teddy Borth, Jennie Forsberg, Grace Hansen
Design Contributors: Dorothy Toth, Laura Mitchell

Library of Congress Control Number: 2018931864
Publisher's Cataloging-in-Publication Data

Names: Hansen, Grace, author.
Title: Parque nacional de Yellowstone / by Grace Hansen.
Other title: Yellowstone National Park. Spanish
Description: Minneapolis, Minnesota : Abdo Kids, 2019. | Series: Parques nacionales |
    Includes online resources and index.
Identifiers: ISBN 9781532180477 (lib.bdg.) | ISBN 9781532181337 (ebook)
Subjects: LCSH: United States--Yellowstone National Park.--Juvenile literature. | National
    parks and reserves.--Juvenile literature. | Natural history--Juvenile literature. | Spanish
    language materials--Juvenile literature.
Classification: DDC 917.87--dc23

Contenido

Parque Nacional de Yellowstone

El Parque Nacional de Yellowstone está entre tres estados, Wyoming, Montana y Idaho.

4

5

Se convirtió en parque nacional el 1 de marzo de 1872. El presidente Ulysses S. Grant lo aprobó por ley. ¡Fue el primer parque nacional del país!

Clima

El parque mide más de 3,400 millas cuadradas (8,806 km²). Puede nevar en el otoño, en el invierno y en la primavera. Las tormentas son más comunes durante los meses del verano.

Hábitats

El parque es muy hermoso. Está lleno de lagos, ríos, montañas y cañones. Es conocido por sus **géiseres** y **aguas termales**. El **magma** muy caliente los crea.

11

Hay muchos tipos de árboles en el parque. El pino contorto es el pino más común. La liebre americana se vale de este árbol para alimentarse en el inverno.

13

Los campos están llenos de flores silvestres. La llamada *shooting star* crece de mayo a junio. Por las praderas del parque se ven alces.

15

El gran cañón de Yellowstone es el cañón más grande del parque. El río Yellowstone lo atraviesa. La trucha degollada de Yellowstone es **originaria** de este río.

17

El monte Washburn es un buen lugar para ver vida silvestre. Los muflones normalmente están en las pendientes de las montañas. Los bisontes pasan el tiempo en el valle. Las **margaritas** y muchas plantas más crecen bien aquí.

19

Sólo seis tipos de **reptiles** viven en el parque. El más común es la culebra rayada terrestre. Se la ve donde sea que haya agua.

Actividades divertidas

Dar un paseo en barco o ir de pesca en el lago Yellowstone

Esquiar de fondo o caminar con raquetas de nieve en los meses invernales

Contemplar las impresionantes vistas en el Canyon Village

Visitar el famoso géiser famoso *Old Faithful*, que entra en erupción cada 92 minutos

Glosario

aguas termales – manantial natural de agua caliente, normalmente calentada por actividad volcánica subterránea.

géiser – manantial que dispara un chorro de agua caliente, de vapor o de lodo en el aire cada cierto tiempo.

magma – material caliente y líquido subterráneo.

margarita – planta con flores blancas, rosadas, azules o moradas. La flor tiene muchos pétalos angostos alrededor de un centro amarillo.

originario – que nace o crece en esta zona.

reptil – animal de sangre fría con esqueleto en el interior y escamas o placas duras en el exterior.

Índice

Abdo Kids ONLINE
FREE! ONLINE MULTIMEDIA RESOURCES

¡Visita nuestra página abdokids.com y usa este código para tener acceso a juegos, manualidades, videos y mucho más!

Código Abdo Kids:
NYK4367